AF196046

ABGEFUCKTE

SCHEIßE

FLUCHMALBUCH FÜR LEHRER

-FRECH, BÖSE & GEMEIN-

ISBN Softcover: 978-3-384-42674-1

Druck und Distribution im Auftrag : Tredition GmbH, Heinz-Beusen-Stieg 5, 22926 Ahrensburg, Germany Das Werk,

einschließlich seiner Teile, ist urheberrechtlich geschützt. Für die Inhalte ist der Autor verantwortlich. Jede Verwertung ist ohne Genehmigung unzulässig.

GUMMIBÄRCHEN SIND KEIN FRÜHSTÜCK

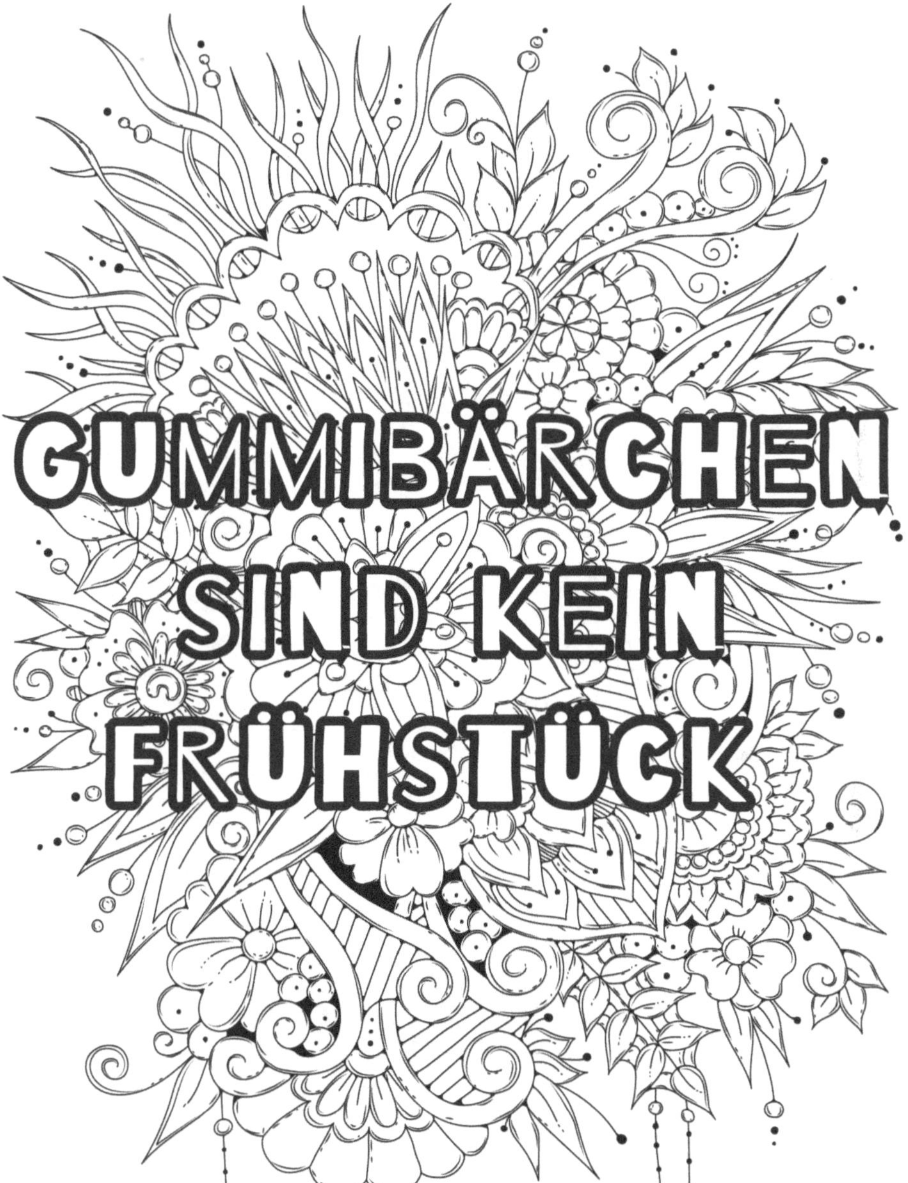
GUMMIBÄRCHEN
SIND KEIN
FRÜHSTÜCK

WER HAT MEINEN VERDAMMTEN STIFT GEKLAUT?

Dafür bin ich nicht zuständig

**IHR BALK
IST NICHT HOCHBEGABT!**

Bald wieder Ferien...

AUF GAR KEINEN FALL!

Nur noch ein paar Stunden blöd gucken,
dann ist Feierabend.

Nein, liebe Eltern ...

WIR ERZIEHEN NICHT IHR KIND

IRRENHAUS

IHR KIND IST SO DUMM!

SETZEN: 6!

TIEF EINATMEN..AUSATMEN..

Wird dringend Zeit für den Lottogewinn

Wird dringend
Zeit für den
Lottogewinn

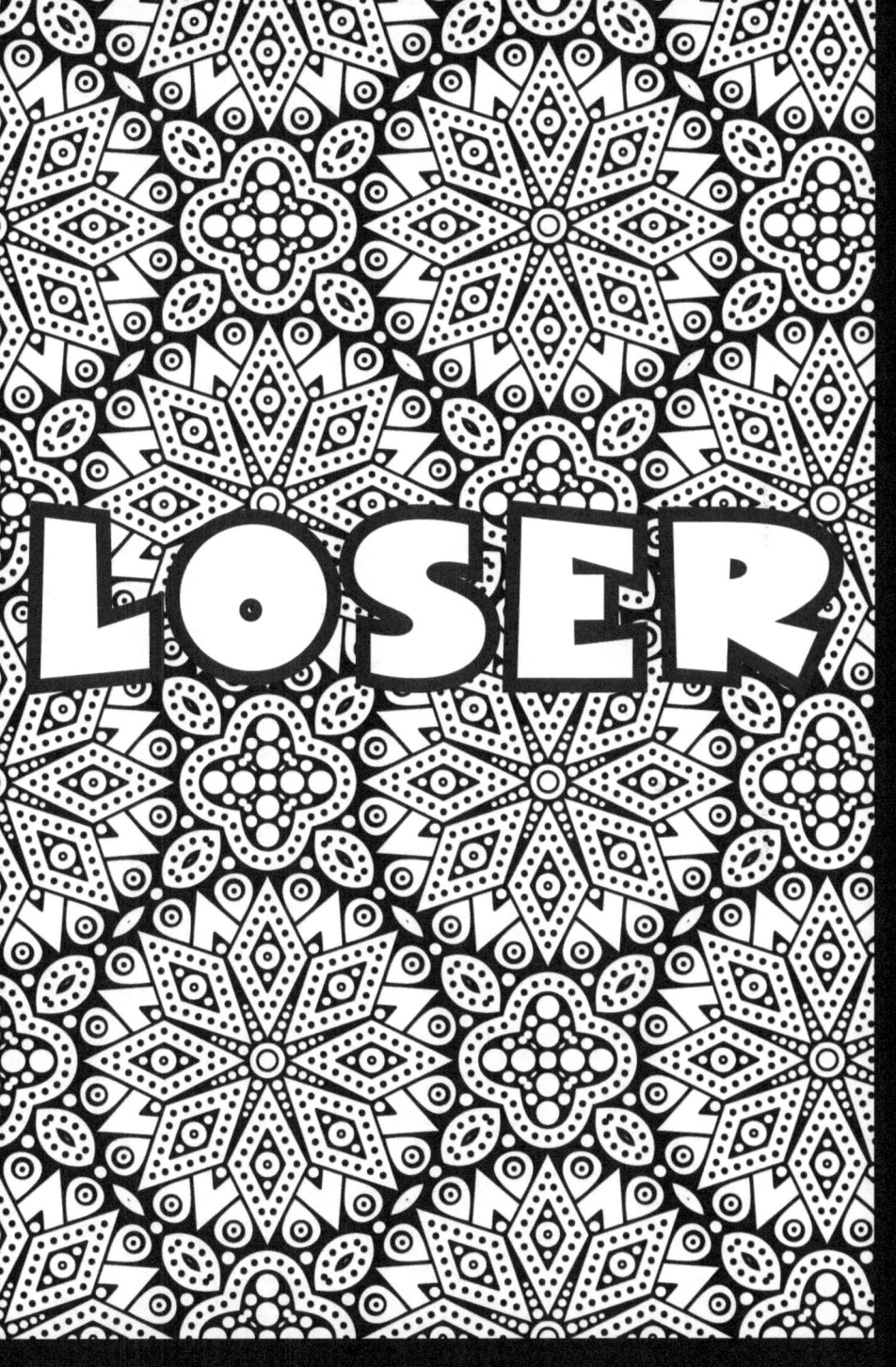

DIE WELT WIRD ES NICHT SCHAFFEN...

HARTES NEIN

NERV NICHT

'NEN SCHEISS MUSS ICH!

MÖGE DEIN KAFFEE STARK UND
DEINE KLASSE RUHIG SEIN

ICH LIEBE KINDER.. ICH LIEBE KINDER.. ICH LIEBE KINDER
(man muss sich das nur immer wieder sagen)

Ich liebe Kinder..
Ich liebe Kinder..
Ich liebe Kinder
(man muss sich das nur immer wieder sagen)

ALKOHOL?

ACH...
DRAUF GESCHISSEN!

RUHE!!!

EINFACH MAL DIE FRESSE HALTEN

Eine neue Generation Schwachmaten

Schön,
DASS DU KRANK ZUR SCHULE KOMMST
(und uns alle ansteckst)

WHAT EVER

FUCK PISA

INTERESSIERT MICH NICHT!

ADHS AM ARSCH

WHAT THE FUCK

FEIERABEND? Was ist das?

ARSCHLOCH
KIND

Ist das Gehalt oder Schmerzensgeld?

CHALLENGE HEUTE:
ÜBERLEBEN

ÄHM...NEIM!!!

Impressum:

DAS WERK EINSCHLIESSLICH ALLER SEINER TEILE IST URHEBERRECHTLICH GESCHÜTZT. JEDE VERWERTUNG IST OHNE SCHRIFTLICHE ZUSTIMMUNG DES AUTORS UNZULÄSSIG. DARUNTER FALLEN AUCH ALLE FORMEN DER ELEKTRONISCHEN VERARBEITUNG. DIE WIEDERGABE VON GEBRAUCHSNAMEN, HANDELSNAMEN, WARENBEZEICHNUNGEN USW. IN DIESEM WERK BERECHTIGT AUCH OHNE BESONDERE KENNZEICHNUNG NICHT ZU DER ANNAHME, DASS SOLCHE NAMEN IM SINNE DER WARENZEICHEN- UND MARKENSCHUTZGESETZGEBUNG ALS FREI ZU BETRACHTEN WÄREN UND DAHER VON JEDERMANN BENUTZT WERDEN DÜRFEN.

© NORA MILLES 1. AUFLAGE 2022
KONTAKT: PIOK & DOBSLAW GBR, ALTE STR. 3, 56072 KOBLENZ
GESELLSCHAFTER: ANNA PIOK & TATJANA DOBSLAW
EMAIL: ONLYBOOKS@GMX.DE
COVERGESTALTUNG: ANNA PIOK
FOTOS/VEKTOREN/ILLUSTRATIONEN IM BUCH: LIZENZEN GEKAUFT BEI DEPOSITPHOTOS.COM & CANVA.COM

ISBN TASCHENBUCH: 978-3-384-42674-1

ALLE RECHTE VORBEHALTEN. NACHDRUCK, AUCH AUSZUGSWEISE, VERBOTEN. KEIN TEIL DIESES WERKES DARF OHNE SCHRIFTLICH GENEHMIGUNG DES AUTORS IN IRGENDEINER FORM REPRODUZIERT, VERVIELFÄLTIGT ODER VERBREITET WERDEN. DER AUTOR ÜBERNIMMT KEINERLEI GEWÄHR FÜR DIE AKTUALITÄT, KORREKTHEIT, VOLLSTÄNDIGKEIT ODER QUALITÄT DER BEREITGESTELLTEN INFORMATIONEN UND WEITERER INFORMATIONEN. HAFTUNGSANSPRÜCHE GEGEN DEN AUTOR, WELCHE SICH AUF SCHÄDEN MATERIELLER ODER IDEELLER ART BEZIEHEN, DIE DURCH DIE NUTZUNG ODER NICHTNUTZUNG DER DARGEBOTENEN INFORMATIONEN BZW. DURCH DIE NUTZUNG FEHLERHAFTER UND UNVOLLSTÄNDIGER INFORMATIONEN VERURSACHT WURDEN, SIND GRUNDSÄTZLICH AUSGESCHLOSSEN, SOFERN SEITENS DES AUTORS KEIN NACHWEISLICH VORSÄTZLICHES ODER GROB FAHRLÄSSIGES VERSCHULDEN VORLIEGT.

MIX

Papier | Fördert
gute Waldnutzung

FSC® C083411

Zeitfracht Medien GmbH
Ferdinand-Jühlke-Straße 7
99095 Erfurt, Deutschland
produktsicherheit@kolibri360.de